그리운 시간

그리운 시간

초판 1쇄 인쇄 2025년 12월 10일
초판 1쇄 발행 2025년 12월 15일

지은이 김수환
펴낸이 金泰奉
펴낸곳 한솜미디어
등 록 제5-213호

편 집 김태일
마케팅 김명준

주 소 (우 05044) 서울시 광진구 아차산로 413(구의동 243-22)
전 화 (02)454-0492(代)
팩 스 (02)454-0493
이메일 hansom@hansom.co.kr
홈페이지 www.hansomt.co.kr

ISBN 978-89-5959-600 3 (03810)

그리운 시간

김수환 지음

베트남 중부의 고도(古都) 후에시 해변

한솜미디어

| 시작하는 글 |

장편소설로 〈오죽대금〉, 〈디안의 전설(베트남 전쟁사)〉
두 권을 쓰고 묵은 원고들을 정리하다가
수시로 써 놓은 시들을 모아봤습니다.

얼마를 망설이다가 대패로 밀고 밀었지만
펜을 놓고 보니 매끄럽지 못한 부분이
많아서 부끄럽습니다.

돈 안 되는 시집을 내서 뭘 해!
펜을 던졌다가 취향에 못 이겨서
다시 시작해 보았습니다.

소설 쓰기보다 시를 쓰기가 더 어려웠습니다.
많은 질책 바랍니다.
감사합니다.

지은이 김수환

| 차례 |

제2부 청산에 살자

제1부

조용한 시간들

난

청아한 날개 드리우고
긴 목 뻗어서
신비의 고운 입술
살며시 여니
공간에 향기 퍼져서
마음 설레인다.

취향

봄은 가난하여 배가 많이 고팠지요
설익은 보리를 베어서
디딜방아로 찧어서 먹었지요
지난날 생각만 하여도 눈물이 납니다.

물질이 범람하여 균형을 잃고
이념이 빈곤하여 집단주의 횡포가
회오리바람처럼 휩쓸고
사라졌다가 다시 모인다

외톨이는 갈 곳이 없습니다
게을러서 가난한 것이 아닙니다
태어날 때부터
가진 것이 없었어요

작년에 처마 밑에 제비가

두 번이나 알을 부화해서
새끼를 키웠는데
올해도 찾아왔습니다
동물이라 소통은 되지 않아도
감정은 있나 봐요

삶은 취향의 가치관을
추구하는 존재라
사과로 과거가 지워지지 않습니다
용서가 위대하지요
제도는 너그러움이 없고
참 냉정하지요

혜안으로 갈 길을 찾으세요
지성이 익어가는 형상을 보고
초월이 재촉함을 인식하세요

어두운 시대의 그늘에
벗어나지 못해서
선악을 분멸 못 하네요
아마 눈이 어두운가 봐요
전깃불이 밝아도
호롱불 생각날 때가 있을 겁니다

태어난 곳에 뿌리 내린 나무를
뽑아서 도시 거리에
심어 놓으면 행복할까요
나무에게도 고향이 있답니다

많이 갖고 알아도 고민은 있지요
사물의 보는 각도가
달라짐은 이율배반이라
공통분모가 있어야

사물 세계는 사고의 목적이 됩니다

오늘 밤에도 소쩍새가 울고 있네요
무슨 사연이 그리 깊은지
어제 같이 웁니다
달빛에 별들이 쏟아집니다

월동 준비 마지막은 볏짚을 엮어서
초가지붕을 덮는 것으로
시일이 오래 걸리고
무척 힘 드는 일에
숙련공이 필요했습니다.

버드나무에 까치집과 진달래꽃. 복사골에서

동그란 길

움직이는 풍경화 따라
산길 가노라면
꽃 피고 산새 지저귄다

동그란 하늘 아래
솜바지저고리에 검정고무신 신고
고개 넘어 학교 다니던 길입니다

님은 어디에 계실까
부족한 것이 많은가 봅니다
많이 받고도 사양할 줄 모르고
세상이 묘하다 말하지요
그들은 대개 그렇게 삽니다

아픈 것은 잘 견디면서
가려운 것은 참지 못하지요

읽기 어려운
움직이는 추상화는
깊은 이성과
높은 지혜로 봅니다

외로운 노송이 아니라
돌고 돌아온 동그란 길은
떨리며 겁 없는 길입니다.

오동도

떠난 님 돌아오지 못하는 선창가에
흰 눈이 하염없이 수심처럼 쌓이는데
여인의 애간장 타는 뱃고동이 울린다

싸늘한 바닷바람 내 님을 실어가고
이 가슴 맺힌 한이 사라질 날 없을 것만
오동도 동백 꽃잎이 아름답게 피었네.

1982년 2월 4일
여수 삼일항에서. 시조

무학산과 마산항

무학산

굽이치는 역사의 흐름은
바뀌어도 오직 한 길에
불변의 원칙이 구성하는
상아탑의 진통은
우주의 원리이며 자연의 섭생인 것을
누가 감히 거역하리오

학의 깃 소리에 눈을 뜬
어제의 항구에
도덕과 지식은
민주의 지도 체제 원리라
순간의 긴 고통처럼
마음과 피의 기적 아닌
우리의 아테네였다.

1981년 10월 마산항에서

떠난 님

복사골 고개 넘어
훌쩍 떠나버린 님
동산에 둥근달이 뜨면
그대 얼굴 그려 있고
서산에 초생달에도
그 님이 생각난다

복사골 언덕 넘어
말없이 떠나간 님
매화꽃이 피어나면
그대 미소 떠오르고
진달래 붉으면
환한 웃음 떠오른다

그 해가 어느 핸가
님 떠난 해
아직도 못 잊어
그리움에 생각나네
때로는 잊기도 하지만
바람 부는 밤에도
고요한 밤에도 생각나네.

마스크

눈이 아파서 영상 못 봅니다
귀도 아파요
썩은 것은 많이 보고 들었습니다
본전 생각에 궤변 늘어놓고
들통나면 이상한 학교에서
좋은 기술 배운답니다

펜을 잡은 곳이 많이 썩었다지요
재생이 되지 않으니 안타깝습니다
공짜로 일하는 의원 보셨습니까
보수와 진보가 바뀌면 뭐가 달라져요

그 님이 그 님이지요
옛날부터 그랬답니다
썩으면 농사가 풍년이 될까요
구석마다 구린내에 못 이겨 마스크를 합니다.

과거사

한 때는 식량은 모자란데
많이 낳는다고 법석이었어요
이제는 양식 남아서 골친데
적게 낳아서 걱정입니다

머리카락 길다고 파출소 끌고 가서 짜르고
빨강색은 빨갱이로 전과자 만들었어요
웃기는 시절이었지만 고통이 깊었지요

좀더 거슬러 올라가 볼까요
농촌에 시찰 나간 이승만은
퇴비장에 구린내가 난다고
농부를 감옥에 보냈어요!

무덤에 사과한다고 영혼이 깨어납니까
용서한다고 죄가 씻어지지 않아요

보편성 순리의 타당성입니다

캘린더에 5 · 18은 남아 있는데
5 · 16은 왜 사라졌나요!
아직도 두려운 사람들 있을 겁니다
그게 우리의 흘러간 역사입니다.

보수와 진보

젊어서는 진보이고
늙으면 보수가 된다더니
늙고 싶은 사람있나요
이념이라도 진보이고 싶겠지
진보든 보수든 정치에 들어서면
거짓말쟁이가 되지요

돌아오는 농촌 만들겠다고 하고
농가 부채 탕감하겠다더니
농촌 소멸이 내일모레인데
상투 잡고 싸움질만 합니다

아마도 정치판은 싸움질 잘하는
조폭 출신들만 모인 것 같네요
거기 전과자 아니신 분 몇이나 있는지?

전과 유공자님 좋은 정책
어디에 감춰 두셨나요
아무리 변명해도 알고 있습니다
권력의 슬픈 종말의 역사가 증명합니다.

개그 정치

종교가 정치의 대역을 할 수 없듯이
정치도 종교 역할을 할 수 없지요
반면에 개그맨은 정치가가 될 수 있어도
정치는 개그가 되어서는 안 되지요
개그맨은 국민을 즐겁게 해 주는데
정치가는 두려워합니다

옛날부터 잡아 가두려고 보복 희극을 하지요
권투선수처럼 어떻게든 두들겨 패서
KO를 시켜야 OK하고 갈채를 받아요
참! 냉정하지요

세계 정치 역사가 그랬습니다
화해 용서라는 것이 없습니다
국민의 혈세를 빨아먹는 주제에…
개그맨의 감독도 국민입니다

오만 지랄병을 다해도
세상은 말없이 잘 돌아갑니다
가려운 등 긁어 주는 개그 정치가
공짜 의원은 왜 한 명 없나요!

귀향

그때는 정말 의심스러웠습니다
내 심장이 약동하여
푸른 하늘과 대지를 향해
아스팔트 위에서 아우성치다가
땀방울이 구슬처럼 빛나면
팽개친 펜을 다시 잡고
찌푸린 얼굴들끼리 쓴 웃음 띠웠지

우리는 그렇게 해야만 했습니다
그들은 법 위에 군림했어요
아쉬워도 헤어져야 했고
해답 없는 질문을 하며
이론 아닌 궤변을 펼쳤습니다

설레는 귀향길은
머나먼 여정을 새로이 시작함으로

고달프고 괴로워도
기다리는 님이 있었습니다
도망칠 정도로 싫었다면
고이 보내주세요
멋진 이별이 될 것입니다

이제 가난해도 이웃과 나눠 갖는
순수 이성으로 돌아갑니다
복사골 내 고향이 그리웠습니다.

안동 하회마을 초가

그 옛날 내 고향

그 옛날 내 고향은
노란 초가지붕
옹기종기 모여서
정답게 살았지요

옹달샘 쪽박 물은
시원하고 달았으며
시냇가 맑은 물엔
송사리떼 뛰어놀았어요

어느 날 갑자기
뉘도 모를 서풍 불어
너도나도 떠나 버린
오늘의 내 고향 시골은
빈집만 늘어가고
할아버지 할머니들만 남아서

노을진 서산을 하염없이 바라본다

그 시절 고향 떠난 친구들
그래도 명절이면
고향이라고 찾아오는 데
사기 사장 도둑 회장되어
번쩍이는 자가용으로
부끄러운 줄 모르고
버젓이 뽐낸다네

친구 떠난 허전한 내 고향
가난해도 좋고
외로워도 좋다
정이든 내 고향 산천을
나는 못 떠나리 아니 떠나리.

백두산

흰머리 신산봉은
태초에 불을 토하고
이제 물을 뿜아
천지의 맑고 푸르름을
흘려보내니
그 신비 여기에 있구나

천지를 병풍처럼 둘러싼
열여섯 봉우리는
하늘이 내려준 영봉으로
한겨레 민족의
영원한 생명의 젖줄이리라

동으로 두만강
서쪽으로 압록강
남으로 삼지연 주을온천

북으로 비룡폭포
영산 주위 명성지를
한 가진들 놓칠 수 있으랴
꿈과 상상의 백두산이여!

가고 싶은 백두산은
민족의 성봉인데
누가 무엇으로
가로막아 못 가나요
보잘것없는 이데올로기라

가련지고 한겨레
이제 이 세상 땅끝
어디에도 갈 수 있는데
북녘하늘만 못 가누나

귀를 막고 입을 막고
코까지 막아 버린 시절에
눈까지 막아 버리는가
분단의 철책을 끊는
통일의 그날이
멀어져만 가누나.

낙동강과 도리사가 있는 냉산 또는 맹산이라고도 한다.

잊으며 살자

세월이 바람에 실려 가면
꽃피고 열매 맺으며 낙엽이 진다
인생의 길옆에 한낱 꽃의 향기가
어떤 순간의 영광을 기다리기에
기쁨에 웃고 슬픔에 눈물 짓는가
有가 無이고 無가 有인 것을
그렇게도 몸부림치는가
태초는 곧 어제 일이라

물결에 실려 가는 지난날은
화려한 문화 찬란한 문명을
창조하고 허물어트린다
사회와 자본
보수와 진보의 유희가
파도에 밀려 융화의 항구를 잃고
등대를 분별 못 하는구나

어제의 불행과 오늘의 행운을
알면서 잊어 보자구나
내일은 누가 있어
무엇을 알 수 있으랴.

제2부

청산에 살자

무지개

앞개울 건너서
푸른 언덕 넘고
먼산 아득히 하늘가에
아름답게 단장한
칠색 다리 놓여지니
내 님이 오실까
선녀가 내려올까

하늘과 땅의 무궁한 조화여

과수원 지나서
앞동산 위로
아득히 먼 지평선에
찬란한 열두 색 구름다리
누굴 위해 만드셨나
떠난 님이 오실까

천사가 타고 올까

끝없는 우주의 영원한 섭리여!

애죽(愛竹)

바람이 거칠게 불어
쓰러질 듯하지만
오뚝이처럼 다시 일어나네
굽힐 줄 모르는 우직한 천성은
하늘이 하사한 최상의 상품이라

청백한 선비일수록
그대를 좋아함을
이제야 짐작하노니
곧은 절개는 배움의 근본이요
빈 마음은 곧 이성이라

왕자유가 그토록 사랑하고
文同은 유독 즐겨 그렸으며
봉황은 그 열매만 먹었다 하니
古人들이 5월 13일을

대나무 날로 정했는가
그 고귀성 잊혀져 가노니
안타깝구나
험난한 긴 세월 탓해 뭣하리오!

항구의 정

호수처럼 산들이 둘러선 항에
배들이 모퉁이로 사라지고 돌아온다
바람이 거칠면 술잔 기울이고
물결이 잠들면 노를 젓는다
기적 울리며 떠났다 모여지고
흩어지고 다시 모이는 항이여

수평선 아득히 춤추는 선창가에
내 님은 떠났다 오신다
폭풍이 불면 님의 품에 안기고
파도가 잠들면 갈매기 벗한다
오늘도 어제같이
영원한 내일의 항구여!

복사골에서 가장 나이 많은 누운 소나무. 200살 정도 되었는데 작년에
재선충병 걸려 잘렸어요. 안타깝네요. 나무에게도 운명이 있나 봐요.

영송(咏松)

심심산골에 천년 산 그대
그 가지 무성하고 그 잎새 푸르구나
긴 역사에 모진 풍상 몇 번이나 겪었는가
끈질긴 인내에 장엄한 모습은
나약한 인생에게 더없는 스승일세

바람 거센 산등에 무수한 그대들
긴긴 겨울 혹한에 얼고 또 얼어
쏟아지는 눈 속에 떨고 떨었지만
새 봄이 오면 잎새 더욱 푸르게
묵묵히 무럭무럭 자라서
사계절 변화에 불변은 여전하고
세월이 흐를수록 젊어가노니
산중에 신사로다

청산에 살자

나비야 청산에 가자
노래하며 춤추며
너도 가고 나도 간다
꽃피는 산으로
친구 따라 청산가자

새야 새야 청산가자
님 찾아 사랑 찾아
우거진 숲속에
보금자리 만들어
너와 나와 함께
단꿈 꾸러 가자

가세 가세 청산으로
눈 한번 크게 뜨고
숨 한번 크게 쉬어

세상만사 모두 잊고
너도 나도 청산가자

청산리 맑은 물에
손 씻고 귀 씻어
세상 오염 모두 씻고
감자 심고 수수 심어
더도 말고 덜도 말고
청산에 살아보세.

그리움

하얀 눈 내리는
밤의 기적 소리보다
백합이 피어나는
소리를 듣고 싶습니다

석류알처럼 알알이 맺힌
한의 소리보다
모순의 무던한 바위를
조각조각 다듬는
소리를 그리고 싶습니다

고독한 성자의 외침보다
이름 모르는 농부의
빙그레 웃음을
그려보고 싶습니다.

우리집 감나무

복사골

복사골 외딴집
임자 잃은 지 몇 해던가
올해도 보랏빛
오동나무 꽃이
아름답게 피었구나

무너진 초가삼간
임자 없어진지 언제인데
소녀가 심고 간
노란 국화가
산골을 지킵니다.

매화 사랑

엄동설한 모진 풍상 참고 이겨서
온화한 춘풍 맞아 꽃망울을 터트리노
상쾌한 보름달에 그 가지 잡아 보니
월색 무지개 타고 항아가 내려오누나
어디선가 천궁의 비파 소리 듣고
황홀에 젖어 정신이 몽롱한데
선녀의 안내 따라 옥궁에 이르니
풍류 소리 그윽한 궁전에 가무가 펼쳐지고
직녀가 주는 신선주에 천도로 안주하니
정신이 맑아지고 찬란한 신궁이라
견우가 다가와서 옥황상제 전에 인도하니
그대는 궁색한 이성에서 매화를 사랑하여
매화 선녀의 상소로 연회에 초대되었노라
선녀의 안내로 천상계 두루 유람하고
진수성찬 환대받고 오작교 이별할 때
이성에 가셔서 매화를 사랑해 주십시오.

우주여행

신나는 일이지요
이미 문은 열려 있습니다
물리학자가 아니라도
호기심이 가지요
아직은 성과가 미약하여
걸음마 수준입니다

지상에 자질구레한 일들이
산재하여 언제까지나
얽매여 있을 수 없어요
진보되어야 합니다

그동안 가슴 아픈 사연은 인정하지요
한 예가 챌린저호의 슬픈 사고입니다
갈 길이 멀기에 잊지 않고
충고도 받아들이지요

단정은 할 수 없어도
희망은 증명되어 있습니다
국제 우주정거정이 잘 운영되고 있지 않습니까

은하 지도가 입체적으로 그려졌다지요
은하에도 사과나무를 심을 별들이 있을 겁니다
우주왕복선을 타고 갔다 온 비행사에게
소감을 물었더니 인간의 언어로는
표현할 수가 없다고 했습니다
잠도 자지 말고 공부해야 합니다

산에 올라가서 밤하늘을 처다보세요
많은 별들이 궁금하지요
우주여행 신청하세요
이태백 씨가 살아 있었다면
술병 들고 제일 먼저

우주여행 신청했을 것입니다

오십억 년 후쯤에 지구에 에너지가 고갈되어서
다른 별에 이사를 가야한다니까 실감이 안 나지요
우주 항공부가 제일 중요하고 바쁠 겁니다

삼천갑자 살았다는 동방삭이 부러워 마세요
우주 공간에는 병들지 않고 늙지도 않습니다
우주의 시계와 달력이 개발될 것이며
지구의 보수에게 역사관이 건설될 것입니다
21세기까지 축적된 우주 기술이
22세기에는 빛을 보게 됩니다

우주 시대는 삶의 가치관이 바뀜으로
휴거는 없습니다
모순이 있어도

우주부의 진보로 해결될 것입니다

달과 화성에서
목성과 토성으로 옮겨가며
안전하고 빠른 우주선이 개발되어
은하수로 날아가게 됩니다
우주 공간을 새처럼 신나게 여행하게 되며
외계인을 만나 우주 언어로 잘 어울릴 것입니다

아인슈타인과 호킹의 우주 물리학 여행은
은하계에서 다른 성단으로
영원히 이어질 것입니다.

비둘기 부대 태권도 수련장에서

山 마을

산비탈 좁은 길에
나이 많고 늙지 않는
바위와 소나무는 나란히 살며
손님이 오면 반갑게 맞이합니다

언덕 아래 파란 보리는
물을 좋아하지만
비가 많이 오면 이삭이 여물지 못하고
벼는 물을 싫어해도
많이 줘야 열매가 충실함을
농부는 선험으로 아는 것처럼
지성은 좋아하면 안 되는 일이 있고
싫어도 해야 할 일을 앎니다

소나무 아래 바위에 신령님은
들판을 내려다보고 흉년이 들면

순수 이성적 판단으로
참나무에 도토리가 많이 열리게 하여
산골 식구 마을 가족이
굶주리지 않게 합니다

뻐꾸기가 울 때면
보리밭이 황금물결로 변하고
농부는 자연의 조화에
단꿈을 꾸며
아무도 그리워하지 않습니다.

눈 오는 날

눈 오는 날

하얀 눈이 내려서
터벅터벅 강변을 걷다가
아스라이 지나온 발자국을 보고
흘러가는 강물을 본다

눈 위에 발자국은
눈이 녹으면 지워지지만
인생이 걸어온 자취는
지울 수 없구나

눈 내린 시내를 건너
산마루에 오르니
온 세상이 하얗다
잠시 바위에 걸터앉아
휘파람 부니
산새가 찾아와서

어디서 왔느냐고 묻는다
그대 보고 싶어 왔다 하니
고맙다고 재잘재잘
노래 한 곡 들려준다

눈 내린 산등성에
굽이 치는 강줄기
모두가 아름다운데
우리들은
마르크스의 철저히 의심하라는
말을 기억하며 살아간다
부끄럽고 괴롭다
왜 그래야만 하는가!

눈 내린 이 골짜기에
작은 오두막 짓고

호롱불 밝히고 살고 싶단다

봄이 오면 진달래가 웃고
매화가 향기를 뿜는다
여름이면 별들이 총총한 하늘에
반딧불이 날고
가을엔 들국화가 그리우며
줄 다람쥐가 도토리 줍기 바쁘다

오늘처럼 하얀 눈이 내리면
산새와 얘기 나누고 싶다
누구든 그대의 해답이 기다려진다.

우리 동네

교과서는 힘이 셉니다
사회주의처럼 각인을 시키지요
시골 농촌 텅텅 비게 하였습니다
팔십여 년 전에 우리 동네는
삼십여 가구 일백여 명 살며
친일파도 빨갱이도 있었어요

지금은 열다섯 집에 스무 명이 살고 있습니다
떠난 사람들 어디로 갔는지 아무도 모릅니다
자동차가 귀했던 시절
강나루 동네는 주막과 담뱃집도
있었는데 모두 없어지고
빈 동네를 까치와 산새들이 지킵니다

나는 그곳에 원두막을 지어 놓고
농사지으며 생각한다고

농사정이라 부릅니다

자주 못 가니까 염치없게
참새가 둥지를 만들었어요
농사정에 강바람이 불지 않아도
호텔이 부럽지 않습니다

놀러오세요 숙박이 공짜입니다
가끔은 먼 곳에 친구들이
소주병 들고 와서 잔을 기울입니다.
이럴 때는 핸드폰이 편리하지요
외국에 영상통화도 합니다
촌놈아, 늙지도 않고 잘 있구나

패거리 세력이 그렇게
맛이 좋은지 몰라도 됩니다

핑계야 그럴듯하게 백성 위하는 척
하지만 그때나 지금이나
말단에 달라진 것이 무엇이드냐?

네가 뭐라고 시부렁거려도
내 멋에 산단다
받은 것이 없으니 드릴 것도 없어요
자연에서 얻은 것은 돌려줍니다
물질이 내게 왔다가 다른 곳으로 가듯이
이념도 여기 있다가
어디론가 이사를 가나 봐요

아직도 이조시대 사는 사람들이 있어요
경제 박사가 재벌되는 거 봤습니까
돌아올 사람 없어도
늙은 우리 동네가 좋습니다

진보나 보수가 뭔지는 몰라도
게임도 술과 담배 맛도 정치도 버릇이지요
중독은 취향이라 고약함이 아닙니다
누군가가 생각해야 할 의무가
당신과 내게 있나 봅니다
보석은 수고해야 얻어지지요

신이여, 무슨 사유로 내게 왔습니까!
밤하늘에 별들이 반짝이는
지구촌 우리 동네는 부족한 것이 많습니다.

Usns Gen Hugh 1. Gaffey. Operated By The Navy's Militaty Sea Transportaion Service For The Transport Of Government Passengers Was Built In 1944 At Alameda. Calif And Is Named In Homor Of Gen. 7s ftwide Has A Gross Weight Of 17,000Tons
And a Cruising Speed Of 19 Knots.

인천항에서 베트남의 붕타우항까지 6박7일이 걸렸는데 아직 이 배가 있는지 모르겠습니다.

구안와사의 민간 치료법

– 입이 좌측 또는 우측으로 삐뚤어짐. 와사증이라고도 함.

:: 재료

① 미나리아재비풀의 뿌리. 잎이 미나리잎과 비슷하며 주로 습지나 개울, 논 등에 자생하며 5~6월에 노란색 꽃이 핀다.

② 큰 도토리의 빈 깍지 또는 플라스틱 병뚜껑(알루미늄 뚜껑은 안 됨).

:: 방법

① 미나리아재비의 흰 뿌리만 찧어서 도토리 깍지 또는 플라스틱 병뚜껑에 가득 담아서 입이 돌아간 반대쪽 팔 안쪽에, 팔목으로부터 6~7㎝ 정도가 중심이 되도록 붙여 붕대 또는 깨끗한 천으로 팔과 함께 4~5회 정도 강하게 감아서 매어 두었다가 정확하게 24시간 후에 뗀다.

② 약을 붙인 곳이 부풀어 있으면 치료가 가능하고, 부풀지 않았으면 실패한 것이다. 부푼 곳이 터지고 헐어서 진물이 나고 딱지가 앉아서 완치될 때까지 약 한 달이 경과되

는데 그 기간에 삐뚤어진 입이 자신도 모르게 서서히 본래대로 돌아온다.

:: 주의

① 부풀어서 헐은 곳에 흐르는 진물만 깨끗한 천으로 가볍게 닦아내고 상처에 일절 다른 약을 쓰지 말 것.

② 닭고기 종류는 완치될 때까지만 금하되 소고기 종류는 괜찮음.

:: 장단점

다른 방법의 치료는 간혹 재발이 있으나 이 방법은 재발이 없으나 약을 붙인 곳에 흰색 흉터가 남는 것이 단점이다.

:: 시기

발병 후 1년 정도까지 가능하지만 빠를수록 치료 확률이 높다.

:: 참고

① 다른 방법으로 치료하다가 본 방법으로 치료가 가능하지만 완치 확률이 다소 떨어짐.

– 김수환

|후기|

후기를 쓰려니 부끄럼이 앞섭니다.

가난이 죄는 아니지만 부끄러울 때가 있나 봅니다. 상급 학교에 진학 못한 것이 한이 되었는지 닥치는 대로 책을 구입해서 공부하고 읽다보니 천여 권이 넘었습니다.

소위 사서오경, 고문진보 등은 기본이고 서양철학서는 더 어려웠습니다. 특히 임마누엘 칸트의 순수이상비판, 실천이상비판, 판단력비판, 도덕형이상학원론 등은 읽고 또 읽어서 책이 닳도록 읽다 보니 대강 이해할 수가 있었습니다.

사기열전, 홍루몽은 번역본으로는 시원치 않아서 중국에 번체자로 된 원본을 주문해서 읽고 특히 한시를 좋아해서 중국명시감상, 굴원, 이태백, 두보, 백거이 등 열거하기가 너무 많군요. 한자 일만여 자는 읽었을 것 같은데 모르거나 잊은 글자가 있으면 대형 옥편을 펼칠 때가 있습니다.

주역은 5번인가 읽었는데 점술서에서 동양철학 원조가 된 것은 서양의 점성술이 발전하여 천문학이 된 것과 같은 듯합니다. 주역에 형이상은 리(理)이고 형이하는 기(器)가 주자, 퇴계 등을 거쳐서 기(氣)로 변했는데 중국에서 형이하 기(器)를 물질로 보았습니다.

리(理)는 영어로 이데아(Idea)라고 표현이 되는 데 기(氣)는 영어로 표현이 되지 않았지요. 일부에서 기(氣)를 에너지로 보고 있는 듯한데 리(理)에서 발생한 기(氣)는 에너지(energy)로 보는 것이 맞을 것 같습니다.

주자학을 이어받은 퇴계학을 많이 발전시킨 학자는 일본의 아베요시오(阿部吉雄) 박사였어요. 한국퇴계학회에서 퇴계전집을 내려고 자료를 수집하다보니 일본에서 먼저 퇴계전집을 냈어요. 일본에서 발간한 퇴계전집이 워낙 완벽하여 보탤 것도 뺄 것도 없어서 그대로 번역했다는 설이 있습니다.

철학공부 없이 시를 쓸 수 있나요. 그래서 시를 쓰게 되었습니다. 특히 사기열전의 굴원 가생열전에 천재 가생의 부(賦)가 맘에 들어서 원본까지 구해서 읽었습니다.

베트남의 최고 시인 완채(阮廌, 1380년 9월 19일~1442년, 응우옌 짜이)도 빼놓을 수 없군요. 세계 천재인의 명단에 들어간 인물로 전략가요 정치가이며 시인인 응우옌 짜이는 베트남이 중국의 지배를 받을 때 독립을 성공시켜서 역사상 최고의 인물로 대우받고 있지요.

한국의 지준모 선생께서 대구 노인문학회 회장으로 계시다가 응우옌 짜이의 시를 번역했는데 베트남에 원본이 없어서 프랑스 박물관에 가서 어렵게 원본을 구입하여 번역본을 냈는데 우연히 공짜로 얻었습니다.

번역서 중에 꽃밭가에 초가집 짓고 옛 책이나 읽으리라는 구절이 생각납니다.

외국 시인들을 열거하다 보니 우리 한국 시인들이 빠졌군요. 퇴계 선생의 시를 비롯해서 천재 김삿갓 시도 좋아했지만 이옥봉, 황진이, 허난설, 신사임당 등 너무 많습니다. 그런데 일본의 한시도 유명한 것들이 많을 것인데 한국에 들어온 것이 얼마 되지 않아서 아쉽습니다.

이제 책 읽은 얘기는 그만하고 군에 간 얘기를 조금 하겠습니다.

1964년에 군대 가서 말단에 떨어지니 배가 너무 고팠습니다. 겁도 철도 없이 베트남 전쟁에 뛰어들고 보니 비둘기 부대라 사정을 모르는 사람들은 수월했겠구나 하겠지만 전후방이 없는 전쟁터는 마찬가지였습니다.

선발대원들의 귀국으로 말단에 LMG(경기관총)를 다룰 줄 아는 병사가 없어서 무거운 경기관총에 칼빈과 두 가지를 메고 휘청거리며 뛰어야 했습니다.

수색정찰을 나갔다가 소대장, 무전병까지 부상을 입고 10여 명 사상자가 났는데 나는 가장 위험한 척후병으로 나가서 부비트랩 폭발 범위에서 벗어났습니다.

그 외에도 두어 번 죽을 고비를 넘기고 18개월 만에 귀국했습니다. 베트남 전쟁에서 영어와 베트남어를 많이 배웠지만 이제 써먹을 곳이 없어졌지요. 다시 농사를 지으면서 일본에 가기 위해 1년 정도 일본어 공부를 열심히 했지만 여권이 나오지 않았습니다.

얼마 후 중국 교포를 만나기 위해 중국어 공부를 했는데 중국 교포 자치사회에 한국학교가 있어서 중국어가 필요없게 되었습니다. 4개 국어 헛공부 많이 했습니다.

베트남 참전 전투수당은 미화(달러)로 받았는데 사병들은 대개 30불~40불 정도로 계급에 따라 차이가 있었습니다. 문제는 병장 전투수당이 미국정부에서 한 달에 500불 정도 지급 되었는데 한국정부에서 90% 정도 삥땅치고 40불 정도 줬다는 거예요.

당시 박정희 대통령이 서울~부산 고속도로 공사를 시작했는데 돈이 없으니까 파월병 전투 수당을 90% 정도 떼어서 고속도로를 했다고 월남참전자신문 2023년 9월호 특집 22호에 비서실장이었던 고 이경희 박사가 증언하고 돌아가셨다는 것입니다.

증언에 의하면 국민소득 3,500불이 되면 이자를 붙여서 돌려주되 본인이 죽고 없으면 유족에게 주라고 했답니다. 당시 한국의 1년 수출 총액이 불과 3,000불 정도였는데 베트남전쟁에서 1년에 3억 불~5억 불이 들어왔답니다.

그 달러가 오늘 한국 경제의 마중물이 되었어요. 그러면 이제 월남참전 용사들이 못 받은 90% 참전수당을 돌려줘야 하지 않습니까?

일제시대 때, 6·25전쟁 때 보상 못 받은 것도 받아내는 시대인데 베트남전쟁 전투 수당 문제는 아직도 못 받고 있습니다. 정치판은 말 한 마디 없고 저희들끼리 싸움질만 하고 있습니다.

베트남 참전자 단체들이 있는데 뭘 하고 있는지 모르겠습니다. 얘기를 다하려면 너무 길고 작품과 상관이 없는 관계로 줄이겠습니다.

베토벤의 교향곡이 듣고 싶습니다.
감사합니다.